CRISTIANA AMORIM ROSA DE PAIVA
PE. JOSÉ ROBERTO DE SOUZA

9
VIRTUDES DE
SÃO JOSÉ

Novena, meditações, ladainha e orações

Imprimatur
Dom Pedro Cunha Cruz
Bispo Diocesano da Campanha-MG

Revisão
Prof. Marcos Valério Albinati Silva

EDITORA
SANTUÁRIO

DIREÇÃO EDITORIAL: Pe. Fábio Evaristo R. Silva, C.Ss.R.
CONSELHO EDITORIAL: Cláudio Anselmo Santos Silva, C.Ss.R.
Ferdinando Mancilio, C.Ss.R.
Gilberto Paiva, C.Ss.R.
José Uilson Inácio Soares Júnior, C.Ss.R.
Marcelo da Rosa Magalhães, C.Ss.R.
Victor Hugo Lapenta, C.Ss.R.
COORDENAÇÃO EDITORIAL: Ana Lúcia de Castro Leite
COPIDESQUE: Luana Galvão
REVISÃO: Sofia Machado
DIAGRAMAÇÃO E CAPA: Bruno Olivoto

**Dados Internacionais de Catalogação na Publicação
(CIP) de acordo com ISBD**

P149n	Paiva, Cristiana Amorim Rosa de
	9 virtudes de São José / Cristiana Amorim Rosa de Paiva, José Roberto de Souza. - Aparecida, SP: Editora Santuário, 2020.
	120 p. ; 11cm x 15,5cm.
	ISBN: 978-65-5527-028-0
	1. Religião. 2. Cristianismo. 3. São José. I. Souza, José Roberto de. II. Título.
2020-1652	CDD 240 CDU 24

Elaborado por Vagner Rodolfo da Silva - CRB-8/9410

Índice para catálogo sistemático:
1. Religião : Cristianismo 240
2. Religião : Cristianismo 24

3ª impressão

Todos os direitos reservados à **EDITORA SANTUÁRIO** – 2023

Rua Pe. Claro Monteiro, 342 – 12570-045 – Aparecida-SP
Tel.: 12 3104-2000 – Televendas: 0800 0 16 00 04
www.editorasantuario.com.br
vendas@editorasantuario.com.br

Dedico este livro, com todo o amor, a minha família, que sempre me apoia, incondicionalmente, em meus projetos: a meu marido, João Carlos, e a meus filhos, Maria Luíza e Estêvão. E, também, ao Pe. José Roberto, que acreditou em meu trabalho e me incluiu em seu frutífero projeto evangelizador.

Cristiana Amorim Rosa de Paiva

Com enorme alegria, dedico este livro ao Revmo. Dom Tomé Ferreira da Silva, Bispo Diocesano de São José do Rio Preto, SP, incentivador desta obra, e ao Revmo. Côn. Wanderlei Procópio do Nascimento, estimado pároco da Paróquia de São José de Itamonte, Diocese da Campanha, MG. Ambos, meus amigos.

Pe. José Roberto de Souza

SUMÁRIO

PARTE 1
As Virtudes de São José na exortação Apostólica *Redemptoris Custos*, do papa João Paulo II 15

PARTE 2
As virtudes de São José em uma abordagem existencial 55

PARTE 3
Novena a São José: hino, ladainha, meditações e orações 93

APRESENTAÇÃO

Deus confiou a São José as "primícias da Igreja", isto é, Maria e o Menino Jesus. Fê-lo guardião da Cabeça e da Mãe da Igreja. Solícito e vigilante, São José era um homem justo. Viveu a obediência da fé; foi um fiel cumpridor da vontade de Deus. Compreendeu o Mistério da Encarnação do Filho de Deus, concebido por Maria, na disponibilidade e gratuidade do serviço a Deus. Tornou-se colaborador disponível e generoso do projeto da salvação com que Deus agraciou toda a humanidade. "Depois de Maria, toda a Igreja deve uma singular graça e reverência a São José", como já lembrou São Bernardino de Sena.

Deus sempre escolheu os justos e simples para realizar seu amor no meio de seu povo.

A presente obra nos ajuda a louvar a Deus pelo "sim" de São José; "sim" não verbal, mas comportamental. José não criou resistência à vontade de Deus. Mesmo sem falar, pode ser considerado o homem do "sim". "José fez o que o anjo do Senhor lhe havia ordenado" (Mt 1,24). Todos nós nos beneficiamos do silêncio afirmativo de São José. Em um mundo líquido e de ruídos, falar de São José parece um sinal de contradição, pois aprendemos com ele a ver a presença de Deus nas pequenas coisas, mesmo sem entender plenamente o caminho que Ele nos aponta.

Na história da Salvação, coube também a São José dar o nome ao Filho de Deus. O nome indica a identidade, o carisma e a missão de Jesus (Ieshuá). Coube a ele formar Jesus na tradição e na fé dos patriarcas, pois Deus lhe confiou a formação humana, cultural e espiritual de seu Filho, além de ter-lhe dado também a graça especial de ser pai de Jesus e patrono da Igreja. Essa graça paterna, São José a exerceu com alegria e humildade.

Falar de São José é refletir e aprender sobre a santidade, a espiritualidade e o silêncio fecundo do pai de Jesus, como bem sublinham os autores, Cristiana Paiva e Pe. José Roberto. São José foi apenas servo humilde e perseverante, que abandonou seus anseios pessoais para cumprir o que o Senhor lhe pediu em sonho. Que seu silêncio e seu "sim" nos inspirem a meditar o Mistério de seu Filho, como centro de nossa vida e missão.

Que este livro nos faça aprender com São José a beleza singela de nos colocarmos a serviço do plano de Deus, a fim de que suas virtudes produzam em nós muitos frutos.

Boa leitura a todos!

D. Pedro Cunha Cruz
Bispo diocesano da Campanha, MG

INTRODUÇÃO

Um homem, ele não é Deus. Assim como fez a Nossa Senhora, Deus Pai se dirigiu a ele e o chamou. Virtuoso, com o coração marcado por uma disponibilidade admirável, respondeu ao chamado divino, aceitando a missão que lhe fora confiada. Esse homem é São José, o esposo de Maria, modelo para os cristãos.

Desejamos que este livro seja uma contribuição aos fiéis para um aprofundamento da experiência de Deus e um crescimento na fé cristã, concentrando-se nas experiências de vida de São José, marcadas pela prática das virtudes, pelos dons de Deus acolhidos por ele.

Propusemo-nos contemplar as virtudes de São José em um triplo olhar. Primeiramente, voltamo-nos para o Magistério da Igreja e aprofundamos o conhecimento sobre São José a partir dos ensinamentos dados por São João Paulo II, na Exortação Apostólica *Redemptoris Custos*. Escolhemos, conscientemente, meditar sobre nove virtudes do santo. Essa parte foi motivada pelo desejo de conhecermos São José a partir da Palavra de Deus, presente na Bíblia e na Sagrada Tradição da Igreja.

Em um passo seguinte, formando a segunda parte desta singela obra, a meditação volta-se para as nove virtudes de São José, colocando-as como um programa existencial para os cristãos e para, além deles, todas as pessoas que buscam exemplos sólidos de vivência de valores e princípios para sua vida. Aqui se abordam as virtudes vividas por São José na certeza de que, se forem acolhidas e experimentadas, gerarão sentido para a existência das pessoas, sendo respostas às necessidades existenciais mais profundas do ser humano.

Temos convicção de que as pessoas precisarão, cada vez mais, de exemplos sólidos de experiências virtuosas, ou seja, de homens e mulheres que, compreendendo as virtudes e assumindo-as como programas de vida, fizeram de si uma presença significativa no mundo e se tornaram realizadas e felizes. Dentre os inúmeros santos que são referência, está São José, o esposo de Maria.

Por fim, o livro traz uma proposta de novena a São José, com orações, hinos, ladainhas e breves meditações sobre as virtudes, sínteses das reflexões apresentadas nas partes precedentes.

PARTE 1

AS VIRTUDES DE SÃO JOSÉ NA EXORTAÇÃO APOSTÓLICA *REDEMPTORIS CUSTOS* DO PAPA JOÃO PAULO II

A apreciação da Exortação Apostólica REDEMPTORIS CUSTOS de São João Paulo II sobre a figura e a missão de São José na vida de Cristo e da Igreja tem como motivação principal conhecer o que o Magistério da Santa Igreja ensina sobre esse grande santo, consciente de que os ensinamentos dos Papas, no contexto da Sagrada Tradição da Igreja, são, com as Sagradas Escrituras, Palavra de Deus, transmitida para o bem de todos os povos. Nossa intenção é buscar as virtudes de São José, objeto de nosso interesse, apresentadas pelo Sumo Pontífice nesse documento do Magistério.

1ª VIRTUDE:
A HUMILDADE

São João Paulo II, na introdução do documento, escreveu:

> Todo o povo cristão não só recorrerá a São José com maior fervor e invocará confiadamente seu patrocínio, como também terá sempre diante dos olhos seu modo humilde e amadurecido de servir e de "participar" na economia da salvação.

Não faltou a São José um coração humilde. Como a Santa Maria, São José teve uma humildade tão viva que não se encontra nenhum sinal em sua vida que a contradiga. Seu silêncio, sua simplicidade, suas ações servidoras, sua presença constante ao lado da Santíssima Virgem e seu zelo pelo Menino Jesus revelam um coração puro, sem nenhuma ostentação de si, nenhum desejo de grandeza. Nele se encontra a humildade. São José participa do mistério da salvação, serve o Menino Deus e Nossa Senhora, sendo humilde.

Como é importante a virtude da humildade! No tempo em que vivemos, marcadamente crítico à fé e à Igreja, temos razões para pensar que a experiência cristã exigirá, cada vez mais dos seguidores de Jesus, esse dom. Nosso tempo histórico acende mudanças singulares na cultura, em que a participação na Igreja não é mais motivada por tradicionais costumes. Ainda que muitas pessoas vivessem livremente sua fé na Igreja, não existia um contexto pluralista que as desafiasse em sua adesão à vivência da fé católica. Por isso, ressalta-se hoje, com mais veemência, que a participação se dá por uma escolha. Nessa nova realidade, a vivência das virtudes cristãs será a marca da autenticidade da experiência de Deus, que atrai. Compreendemos que, para alcançar o coração das pessoas na evangelização, haverá de ter uma presença mística que passa necessariamente pela vivência das virtudes cristãs, dentre as quais a humildade é essencial, pelo simples fato de que a arrogância não combina com a fé no Deus verdadeiro, que é revelado em Cristo como humildade.

Karl Rahner já afirmara que o cristão do século XXI ou será místico ou não será cristão. E, se compreendemos mística como a experiência do Deus verdadeiro, a qual se faz e se aprofunda em Cristo, o exercício das virtudes cristãs será, de fato, o meio pelo qual o seguidor de Jesus alcançará tal experiência. À luz do ensinamento do teólogo Rahner, afirmamos: aqueles que não se esforçarem por ter uma vivência da humildade não serão cristãos, pois se terão afastado de uma das virtudes essenciais a sua identidade, ainda que sejam membros de uma comunidade cristã.

2ª VIRTUDE:
A DISPONIBILIDADE À VONTADE DIVINA

No número 3 da Exortação Apostólica, o Santo Pontífice ressalta a disponibilidade do esposo de Maria, dizendo:

> Ele recebeu-a com todo o mistério de sua maternidade; recebeu-a com o Filho que havia de vir ao mundo, por obra do Espírito Santo: demonstrou, desse modo, uma disponibilidade de vontade, semelhante à disponibilidade de Maria, em ordem àquilo que Deus lhe pedia por meio de seu mensageiro.

Comumente as pessoas fazem planos e se organizam na vida, pois, nesta caminhada terrena, incerta, limitada, vulnerável, contingente, algo precisa estar planejado para dar segurança à existência. É bem provável que São José tivesse seus planos de vida. Já estava comprometido com Maria, o que lhe dava uma perspectiva de construir uma família ao estilo do povo de seu tempo, que considerava inclusive os filhos, pois eram honra de seu nome. No entanto, na vida de São José, o desejo divino era outro. Ele foi chamado para uma missão a qual, sem a disponibilidade completa, não seria possível cumprir. Ser disponível à vontade divina tem esta peculiaridade: saber dar a totalidade da vida.

A virtude da disponibilidade é essencial àquele que tem fé, para se entregar a Deus sem reservas, pois a vontade divina abarca a totalidade da existência. São José cultivou essa virtude. Sua disponibilidade faz-nos pensar no modo como respondemos ao chamado de Deus. Será que as inúmeras crises pelas quais passa a humanidade não se ligam à falta de disponibilidade à vontade divina? Se São José tivesse procurado dividir sua vida em duas partes, uma para Deus, outra para si mesmo, teria deixado de cumprir a missão de acompanhar Maria e o Filho Deus, pois as implicações de uma realidade comprometeriam a da outra. A disponibilidade é uma virtude que redefine caminhos, refaz planejamentos de vida. Mas o que pode ser mais forte para implicar a vida das pessoas do que o plano Divino?

De um modo especial, inúmeras autoridades e pessoas influentes na sociedade, em todos os contextos, necessitam reaprender a virtude da disponibilidade à vontade de Deus, para se tornarem prontas a servir os que hoje carecem de suas atenções. Na oração do Pai-Nosso, ensinada por Jesus, uma das preces é precisamente a de se dispor à vontade divina: "seja feita a vossa vontade" (Mt 6,10). A vida de São José é verdadeiro exemplo de cumprimento dessa virtude.

3ª VIRTUDE:
A OBEDIÊNCIA DA FÉ

A virtude da obediência da fé, vivida pelo pai nutrício de Jesus, é elemento essencial para compreendermos suas atitudes de aceitação do desígnio divino e do compromisso com a Sagrada Família. "Pode dizer-se que aquilo que José fez o uniu, de uma maneira absolutamente especial, à fé de Maria: ele aceitou como verdade proveniente de Deus o que ela já tinha aceitado na Anunciação." Esse ensinamento do Papa, no número 4 da Exortação Apostólica, diz respeito à resposta de São José ao anúncio que o anjo lhe fizera para acolher Maria grávida. É o sim de São José. A virtude do "sim", ou seja, da obediência da fé. Feliz aquele que acreditou!

Na história da humanidade, foram proferidos muitos nãos contra o Reino de Deus. E outros tantos "nãos" são proferidos, diariamente, até hoje. Mas dois sins, que foram dados a Deus, nem tanto por palavras, mas, sobretudo, com a vida – o sim de Maria e o sim de São José –, ecoam eternamente. Em São José, queremos também ouvir o sim da obediência da fé. Nele mais o vemos do que ouvimos por sua voz. Vemos um homem simples a dar sua vida com uma obediência extremada.

A disponibilidade, virtude já meditada, faz-nos ver a atitude de se doar em serviço ao próximo. Na obediência da fé, o elemento singular é a escuta de Deus. É uma obediência que se traduz como crer e se expressa como confiança em uma verdade que faz mover. Os sins a Deus geram vida, enquanto que os nãos provocam mortes. Se a humanidade vive a indignação pelas inúmeras mortes/violências, falta recordar-lhe a necessidade da virtude da obediência da fé. Infelizmente há na sociedade legislações contrárias a Deus, geralmente provocadoras de mortes. Uma das mais terríveis que encontramos é a que facilita a prática do aborto. Quer um não mais radical a Deus do que isso? Entendamos bem: antes de ser um não à vida de uma criança é um solene não a Deus. É um forte grito de descrença.

A obediência da fé, portanto, antes de se transformar em serviço ao próximo, é uma submissão incondicional a Deus, um verdadeiro fruto da adoração. Nesse sentido, podemos acrescentar uma reflexão ao estilo de um exemplo. Costumamos ensinar que um momento de adoração diante do Santíssimo Sacramento é mais forte do que as guerras, pois bastaria um breve tempo de uma verdadeira adoração a Jesus Sacramentado, realizada por aqueles que autorizam os conflitos bélicos, para acabarem com as ordens de guerra, pois escutariam a ordem do Amor: Deus! Seus corações se moveriam à caridade, pois um adorador não faz guerra: ele é um obediente à fé.

Qual a motivação que aparece no coração de São José para não mais repudiar Maria, abandonando-a em segredo? É a certeza de que as palavras do anjo são Palavra de Deus. É um ato de fé: escuta a Palavra de Deus, crê nela, obedece a ela. Por isso, São José é modelo para nós. Ele nos ensina, antes de qualquer coisa, a ter uma obediência, que se traduz em sim ao Criador.

4ª VIRTUDE:
A PATERNIDADE

Citando Santo Agostinho, São João Paulo II, no número 7 da Exortação, esclarece-nos sobre a paternidade de São José – verdadeiro esposo de Maria e verdadeiro pai de Jesus. Ressalta a informação de que tais missões se cumpriram não na carne, de modo que preserva a virgindade física de Maria e garante a adoção filial de Jesus, segundo a legalidade:

> O filho de Maria é também filho de José, em virtude do vínculo matrimonial que os une: "Por motivo daquele matrimônio fiel, ambos mereceram ser chamados pais de Cristo, não apenas a Mãe, mas também aquele que era seu pai, do mesmo modo que era cônjuge da Mãe; uma e outra coisa por meio da mente e não da carne".

Embora haja uma beleza surpreendente na missão de esposo, neste item nos dedicamos à contemplação da virtude da paternidade. Ter um filho não significa, na grandeza da palavra, viver a paternidade. Infelizmente, constatamos na sociedade muitos homens que tiveram filhos com suas companheiras, com as quais conviveram por um tempo ou, em muitos casos, apenas em um ato sexual, os quais nunca cumpriram sua responsabilidade de pais. Faltaram a esses filhos biológicos a presença carinhosa, o amor, o cuidado, a atenção educativa, o zelo diante dos perigos, a atuação provedora de recursos, o testemunho de fé, a colaboração em tantas circunstâncias que a criação de um filho exige. A ausência do pai é uma situação dolorosa na vida dos filhos. Ser pai é, evidentemente, mais do que engravidar uma mulher.

Na vida de Jesus não faltou, portanto, um verdadeiro pai. São José, não na ordem da carne, mas por adoção, foi verdadeiro pai de Jesus. As narrativas dos Evangelhos nos falam da atitude singular de São José em cumprir zelosamente o que o Pai Criador lhe pedira. E, desde o momento em que acolheu sua esposa e ascendeu à missão a ele dada, acompanhou em tudo a Virgem Santíssima e Jesus.

Sua missão de pai foi vivida desde antes do nascimento de Jesus. Ele deu o amparo necessário a Nossa Senhora em sua gravidez. Maria pôde efetivamente contar com um esposo e pai, enquanto o menino era gerado. O Deus encarnado, nascituro no ventre de Maria, teve um pai presente. Pensando na humanidade de Jesus, entendemos que a presença de São José não era dispensável. Toda criança deveria ter um pai presente, desde o início da gestação.

Se o carinho, o amor, a atenção a um filho recém-nascido são importantes, os demais cuidados ao longo da vida também o são. Não sabemos quando foi a morte de São José, mas provavelmente ele morreu antes de Jesus iniciar sua missão pública, pois não há relato algum da presença de José com Maria e Jesus na atividade missionária do Filho de Deus. Mas São José acompanhou com amor de pai o Menino Deus, de Belém ao Egito, do Egito a Nazaré, nas idas a Jerusalém e vindas de lá. São José é um modelo singular de paternidade.

Uma citação de um pronunciamento de São Paulo VI, Papa, recordada na exortação apostólica, no número oito, dá-nos a conclusão dessa meditação:

> Sua paternidade expressou-se concretamente "em ter feito de sua vida um serviço, um sacrifício ao mistério da Encarnação e à missão redentora com o mesmo inseparavelmente ligada; em ter usado da autoridade legal, que lhe competia em relação à Sagrada Família, para lhe fazer o dom total de si mesmo, de sua vida e de seu trabalho; e em ter convertido sua vocação humana para o amor familiar na sobre-humana oblação de si, de seu coração e de todas as capacidades, no amor que empregou ao serviço do Messias germinado em sua casa".

5ª VIRTUDE
O SILÊNCIO TESTEMUNHAL

Nenhuma palavra de São José foi relatada nos Evangelhos. Os autores sagrados apresentam-nos uma pessoa que deu testemunho dos grandes acontecimentos que mudaram a história da humanidade, no contexto do mistério da encarnação de Jesus, por meio do silêncio. De fato, diante de mistérios tão grandes, o silêncio é como um eco, que se torna mais eloquente do que as palavras.

Geralmente, quem faz silêncio, para não se comprometer com Deus, não se envolve nos mistérios divinos; e quem se envolve nos mistérios divinos, respondendo ao chamado de Deus, faz profundo silêncio. A alma é silenciada ao se envolver com o mistério. Deus provoca mudança interior. É assim que se pode compreender a presença de São José com Maria.

São João Paulo II, no número 10, escreve:

> São Lucas exprime-se assim: "Enquanto eles ali (em Belém) se encontravam, completaram-se para ela os dias da gestação. E deu à luz seu filho primogênito, envolveu-o em faixas e recostou-o em uma manjedoura, porque não havia lugar para eles na hospedaria" (Lc 2,6-7). José foi testemunha ocular desse nascimento, que se verificou em condições humanamente humilhantes, primeiro anúncio daquele "despojamento", no qual Cristo consentiu livremente, para a remissão dos pecados. Na mesma ocasião, José foi testemunha da adoração dos pastores, que acorreram ao lugar onde Jesus nascera, depois de um anjo lhes ter levado essa grande e jubilosa notícia (cf. Lc 2,15-16); mais tarde, foi testemunha também da homenagem dos Magos, vindos do Oriente (cf. Mt 2,11)".

Os tantos outros acontecimentos que se deram na vida de Jesus, da infância a sua adolescência ou juventude, que foram acompanhados por São José, ficaram também como sublimes momentos do mistério de Deus, que se aproxima da humanidade, contando com a colaboração do homem José. Conhecemos poucos desses acontecimentos, mas foram suficientes para entendermos a atitude desse homem, escolhido pelo Pai Eterno, para a missão de esposo de Maria e pai adotivo de Jesus: um homem de silêncio testemunhal.

Silêncio que não se faz mudez, mas contemplação e profetismo. É contemplação na medida em que é a expressão externa da experiência de um encontro com Deus, de ver um Deus feito menino anunciar um tempo novo para todo o povo. É também um profetismo na medida em que se contrapõe aos eufóricos gritos dos poderosos, que chegam montados em suas tropas, empunhando as espadas. Estes promovem, por meio da barulhenta violência, geradora do medo, seus interesses mesquinhos em favor de umas minorias privilegiadas pelo poder.

Precisamos das duas características do silêncio de São José. A vida exige contemplação para sairmos do pragmatismo sem fé e sem esperança. E estamos fartos de tantos palavrórios estéreis e histéricos, improdutivos e violentos. Mais vale um silêncio que se transforma em ação de vida do que os muitos gritos que se revelam como ações de morte.

6ª VIRTUDE:
O AMOR ESPONSAL

São José é o esposo de Maria, daquela que foi chamada para ser a Mãe de Deus e gerar em seu seio o Filho eterno de Deus Pai. Ele é verdadeiramente esposo, pois, segundo o costume de seu tempo, havia se casado com Maria. Ao filho de Maria ele deu o nome de Jesus, por ser seu pai, conquanto adotivo. Essa realidade matrimonial do casal de Nazaré é recordada pelo Papa no número 18 de seu documento:

> Segundo o costume do povo hebraico, o matrimônio constava de duas fases: primeiro, era celebrado o matrimônio legal (verdadeiro matrimônio); e depois, só passado um certo período, é que o esposo introduzia a esposa na própria

casa. Antes de viver com Maria, portanto, José já era seu "esposo".

É belo contemplar o amor esponsal na vida desse esposo, fruto também da ação de Deus em sua vida. O Santo Padre, no número 19 de seu ensinamento, diz:

> José, obediente ao Espírito, encontra precisamente nele a fonte do amor, de seu amor esponsal de homem; e este amor foi maior do que aquele "homem justo" poderia esperar, segundo a medida do próprio coração humano.

Só um amor, como resultado da abertura do coração à graça de Deus e a seus planos, pode alcançar a grandeza de uma doação total de si. Ser um dom, um verdadeiro sacrifício de amor, não é obra que se possa realizar pura e simplesmente por vontade humana. É preciso contar com a graça divina. Não faltou a São José essa abertura de coração para mover sua vontade para a mais magnífica entrega de si como esposo; um amor que superou toda e qualquer vontade carnal, sabendo viver, dentro do plano misterioso de Deus, a consagração virginal, não estéril, mas fecunda, porque a fecundidade não se limita à condição de poder gerar filhos, mas se amplia na realidade de promover um ambiente de vida e na consagração em comunhão na Sagrada Família, sem nenhuma solidão.

No amor esponsal de São José, encontra-se um comprometimento real com a vida de Maria e a de Jesus. Por isso, pôde suportar as dificuldades cotidianas. Por esse amor, São José foi verdadeiro companheiro de Maria em todos os momentos, sejam de alegria ou de sofrimento. Os evangelhos apresentam um José que não vacila em cumprir a missão de esposo, cuidando da Sagrada Família. Embora sentisse medo em sua alma, fez-se atento às palavras do anjo e se encorajou.

Citando o que o papa Leão XIII ensinou na Carta Encíclica *Quamquam pluries*, de 15 de agosto de 1889, São João Paulo II apresenta a grande dignidade de São José, esposo de Maria:

Por outro lado, foi do matrimônio com Maria que advieram para José sua dignidade singular e seus direitos em relação a Jesus: "é certo que a dignidade da Mãe de Deus assenta tão alto, que nada pode haver de mais sublime; mas, por isso mesmo que entre a Santíssima Virgem a José foi estreitado o vínculo conjugal, não há dúvida de que ele se aproximou como ninguém dessa altíssima dignidade, em virtude da qual a Mãe de Deus ocupa lugar eminente, a grande distância de todas as criaturas. Uma vez que o casamento é a comunidade e a amizade máxima a que, por sua natureza, anda ligada a comunhão de bens, segue-se que, se Deus quis dar José como esposo à Virgem, deu-lho não apenas como companheiro na vida, testemunha de sua virgindade e garante de sua honestidade, mas também para que ele participasse, mediante o pacto conjugal, em sua excelsa grandeza".

O amor esponsal de São José para com Maria é orientador para todos os esposos que desejam viver verdadeiramente essa virtude, sem o reducionismo do eros, ou seja, de um amor carnal, limitado a um amor imerso em paixão e romantismo, reduzido ao sentido de desejo sensual e sexual. O eros tem a força de unir os corpos, mas não é suficiente para unir os corações. E esse amor, naturalmente, esvai-se com o tempo. O amor esponsal de São José pode ser medido a partir do ágape, ou seja, de um sentimento muito mais elevado, um amor que faz unir os corações, que perdura mesmo quando não se tem a obrigatoriedade da união dos corpos, e não se acaba com o tempo, pois sua fonte não está na carne, mas na alma.

7ª VIRTUDE:
A LABORIOSIDADE

Toda pessoa compreende a importância do trabalho. Trabalhar é um modo eficaz de contribuição com a sociedade e o bem das pessoas. Não teríamos tantas facilidades hoje se não houvesse os que diariamente labutam, fazendo tantas coisas para a sociedade. O trabalho, compreendido como a ação de produzir algo bom em favor do outro, é uma virtude. Isso é imensamente belo.

Trabalhar, portanto, vai além de exercer uma atividade para obter em troca um salário. Nossas refeições, as roupas que vestimos, os utensílios todos que utilizamos diariamente, a casa onde moramos são frutos do trabalho. Assim por diante. É pelo esforço diário do trabalhador que se criam as condições econômicas do mundo. Cada pessoa pode contribuir de algum modo pelo bem da sociedade, pelo exercício de seu trabalho.

São José era carpinteiro. Contribuía para o bem do povo de seu tempo. Na pequena Nazaré, o povo o conhecia por seu trabalho. E referiram-se a Jesus como o filho do carpinteiro. E o papa São João Paulo II diz no número 22 da Exortação: "A expressão cotidiana deste amor na vida da Família de Nazaré é o trabalho".

São José, no zelo pelo Menino Deus, ensinou-lhe também a profissão de carpinteiro. No número 23, o Papa recorda:

> No crescimento humano de Jesus "em sabedoria, em estatura e em graça" teve uma parte notável a virtude da laboriosidade, dado que "o trabalho é um bem do homem", que "transforma a natureza" e torna o homem, "em certo sentido, mais homem".

Ensinar uma profissão, ou motivar que os filhos a busquem, respondendo a uma vocação a que Deus os chama, é uma missão dos pais. Os que nos governam devem também criar os meios necessários para que os trabalhadores, jovens ou adultos, possam se desenvolver em suas profissões por meio dos estudos e que lhes seja garantido trabalhar com dignidade, sem nenhuma forma de escravidão e nenhuma situação de desemprego.

São José viveu essa virtude da laboriosidade. Sua vida é modelo para todos os trabalhadores e denúncia de uma organização da sociedade que não dá a todos uma oportunidade de trabalhar dignamente.

8ª VIRTUDE:
A LIBERDADE

Talvez nunca tenhamos encontrado um homem mais livre que São José. Nele vemos uma verdadeira liberdade.

Resumidamente: o ser humano é livre porque é bom. A maldade aprisiona. Quando uma pessoa faz o bem, o resultado é a liberdade; uma liberdade interior que não a impede de fazer alguma coisa e tão pouco a obriga a outras. A liberdade leva a assumir o bem como caminho, e o bem, uma vez realizado, liberta. Nesse círculo virtuoso se constrói o sentido da vida.

No parágrafo 26 da Exortação, São João Paulo II, citando São Paulo VI, mostra-nos São José com atitudes de especiais despojamentos que revelam esse seu coração livre. Consequência de sua vida de intimidade com Deus, em nada ele foi obrigado, mas de nada quis também abdicar. Vejamos as palavras do Papa:

> O sacrifício total, que José fez de sua existência inteira, às exigências da vinda do Messias a sua própria casa, encontra a motivação adequada em "sua insondável vida interior, da qual lhe provêm ordens e consolações singularíssimas; dela lhe decorrem também a lógica e a força, próprias das almas simples e límpidas, das grandes decisões, como foi a de colocar imediatamente à disposição dos desígnios divinos a própria liberdade, sua legítima vocação humana e a felicidade conjugal, aceitando a condição, a responsabilidade e o peso da família e renunciando, por um incomparável amor virgíneo, ao natural amor conjugal que constitui e alimenta a mesma família".

Nesse texto, podemos sentir quão fortes foram as decisões de São José. É palavra dura dizer que sua vida toda foi um sacrifício. Será que ele não experimentou alegrias na Sagrada Família? Certamente, muitas! O próprio nascimento de Jesus, a vida com Jesus e Maria, em Nazaré, por anos durante a vida oculta de Jesus, ser ele, por adoção, o pai do filho de Deus, dentre outras coisas, foram alegrias. No entanto, foi pela doação de si, livre, que ele pôde viver todas as experiências com Jesus, inclusive as dolorosas.

A palavra "sacrifício", usada pelo Papa, pode nos fazer pensar na ideia de oblação, doação de si. Essa doação se dá exemplarmente na liberdade. É o ser humano livre que decide viver assim: doando-se. Ressalta a certeza de que toda a experiência de São José dependeu também de sua intimidade com Deus.

Fé e liberdade se supõem. Aquele que busca a Deus, porque é livre para isso, renova-se na intimidade com o criador. Daí se alcançam as capacidades para as decisões para o bem. E a decisão de São José foi de se dispor à vontade divina. Sua vida foi totalmente envolvida pelo mistério de Deus encarnado. Com Jesus e Maria, São José foi todo de Deus. Plenamente livre, participou do plano de nossa redenção.

9ª VIRTUDE:
A INTERCESSÃO

São José continua sua missão. Hoje e para sempre, santo no céu, intercede pela Igreja e por toda a humanidade. Toda pessoa que teme a Deus e vive a caridade tem em seu mais profundo desejo fazer o bem sempre, inclusive, e de maneira mais perfeita, na vida eterna. Como já expressou Santa Teresinha do Menino Jesus: "Quero passar meu Céu fazendo o bem na Terra".

A Igreja professa a fé na comunhão dos santos. Um dos artigos do credo que muito nos chama a atenção, pois, como fruto do Espírito Santo, podemos, louvando a Deus, rogar por aqueles que nos pedem a intercessão; e, nos céus, os santos podem, eternamente, viver essa virtude em favor da Igreja e de toda a humanidade. No número 28, citando a encíclica de Leão XIII, diz o papa São João Paulo II:

> É algo conveniente e sumamente digno para o Bem-aventurado José, portanto, que, de modo análogo àquele com que outrora costumava socorrer santamente, em todo e qualquer acontecimento, a Família de Nazaré, também agora cubra e defenda com seu celeste patrocínio a Igreja de Cristo.

E continua o Santo Padre, no parágrafo 29, recordando a bela doutrina da comunhão dos santos e da intercessão:

> Para levar o primeiro anúncio de Cristo ou para voltar a apresentá-lo onde ele foi transcurado ou esquecido, a Igreja precisa de uma particular "força do Alto" (cf. Lc 24,49), que é dom do Espírito do Senhor, certamente, mas não anda disjunta da intercessão e do exemplo de seus Santos.

A intercessão é um dom de Deus, que podemos viver, já que rezar uns pelos outros é uma obra de misericórdia necessária de ser cumprida. Cremos, portanto, na intercessão dos santos e buscamos acolher seus exemplos. De fato, a Igreja, ainda que na Terra seja marcada por tantos limites humanos e, apesar disso, viva em comunhão, mais e melhor experimenta essa comunhão no Céu, e de maneira mais perfeita pode interceder por todos.

E por Cristo, com Cristo e em Cristo, nosso único Mediador, chega ao Divino Pai Eterno nossas necessidades, que os santos, pelos méritos de suas vidas unidas a Cristo já na Terra e por seus louvores dados agora nos céus, apresentam-nos a Nosso Senhor Jesus, que é Deus com o Pai e o Espírito Santo.

Crer na intercessão dos santos gera em nosso coração uma esperança muito grande, pois nos compreendemos protegidos e amparados por essa graça da comunhão dos santos. Não estamos sós. Somos todos membros de Cristo pelo batismo, por isso, em perfeita unidade, como peregrinos ainda a caminho da Igreja celeste.

PARTE 2

AS VIRTUDES DE SÃO JOSÉ EM UMA ABORDAGEM EXISTENCIAL

1ª VIRTUDE: A HUMILDADE

A virtude da humildade é a caminhada para a verdade: a humildade é a verdade! A verdade do que se é, do que se pode ser, a consciência das próprias limitações; também é a simplicidade do reconhecimento das qualidades, dons e talentos que cada pessoa possui. Ser humilde não significa rebaixamento; simular humildade é ser soberbo. Falsa humildade é puro orgulho!

Uma pessoa humilde caminha em busca da autenticidade, nem mais nem menos! Para isso, o esforço de conhecer-se por meio dos outros se faz necessário: como a pessoa convive? Como ela reage às situações adversas? Como assume seus próprios erros? Assume seus erros?

No contexto de sociedade líquida em que vivemos, os verdadeiros valores, muitas vezes, têm fluído por entre as exigências da atualidade; admitir fragilidade, tristeza e defeitos tem-se tornado um monstro que assombra e apavora. A necessidade que impera é estar sempre em um patamar a mais, até chegar ao status de onipresença, um atributo divino.

Os limites humanos não são permitidos; dor e sofrimento não têm espaço, são anestesiados e banidos; quase nunca sentidos e compreendidos. Para quem quer ser Deus, ser humano é muito pouco. As relações quase não mais comportam reconstrução, e sim reposição. O que está desgastado é trocado pelo novo em um infinito ciclo de repetições. Falta humildade para admitir erros, assumir responsabilidades, definir limites, reconhecer os verdadeiros potenciais.

Muitos buscam melhorar o perfil ou impactar pela aparência, aumentar o salto do sapato ou trocar o carro; assim empinam ainda mais o nariz em uma busca frívola de passar por cima de seus próprios limites; todavia, toda prepotência é passageira, só faz forte a pessoa por alguns momentos. Por melhor e mais inteligente que alguém possa ser, se não for humilde, seus atributos se perdem na arrogância.

Para o ser humano saber seu real tamanho, é preciso diminuir o barulho, caminhar mais devagar, prestar atenção em quem chega e permanece ao lado, abaixar a cabeça e exercitar o caminho da verdade, humildade! Só se pode atingir a grandeza, se a pequenez for revelada, admitida, educada, corrigida. Sempre!

O aprendizado contínuo é a base para o aspirante à virtude da humildade; sem ele, conservam-se todos os defeitos, que permanecem encobertos pelo orgulho e são escondidos dos outros e, muitas vezes, da própria pessoa. Para os orgulhosos, a humildade é sempre uma humilhação. Todavia, ser humilde não é feio ou humilhante. Humilhante é tentar ser o que não é. Aprender de si, ouvir críticas e elogios, empenhar-se em fortalecer o universo interior carrega em si toda a grandeza e riqueza próprias dos humildes. É impossível para qualquer pessoa aprender aquilo que ela já supõe que saiba. Aceitar que se tem muito a aprender, a percorrer, a avançar é estar pronto para subir ao pódio da humildade, que, como a mais tímida das virtudes, desaparece sempre que é anunciada.

A virtude da humildade também é o espaço do amor! Do amor, que perdoa e acolhe, que confia e respeita, que espera resultados, porém, no equilíbrio entre o esforço da luta e a vontade de vencer. A humildade respeita os limites, sem se conformar com as zonas de conforto, que, muitas vezes, abandonam direitos, que, não poucas vezes, são deveres. A falsa humildade se acomoda e, no comodismo, permite-se ao não comprometimento, é pura covardia.

Enfim, humildade é a verdade conquistada no caminho da vida, nas relações. Ela é a justa medida, sem tirar nem pôr, obtida na balança do aprendiz eterno, que sabe que o amor é o peso necessário!

2ª VIRTUDE:
A DISPONIBILIDADE À VONTADE DIVINA

Do latim, "disponere". Disponível é um adjetivo que significa ser livre, desimpedido, desembaraçado, que pode se dispor. Ser alguém com disponibilidade implica a pessoa ter capacidade de abertura para receber influências externas, conselhos, novas ideias.

Atualmente, percebemos o termo disponibilidade no que diz respeito a tempo, à agenda, flexibilidade em rotina, exatamente pelos antagonismos: não temos tempo, não sobra espaço na agenda, as obrigações aprisionam em um infinito de compromissos, em que a flexibilidade de uma rotina fica aprisionada na severidade da competição desmedida, que sufoca e imprime medo.

Já não há tanta disponibilidade para estarmos disponíveis! Somos inadaptáveis, indisponíveis, inflexíveis, severos: escravos!

Ao contrário da marcha anônima e cruel da correria desmedida e da avalanche de protocolos e burocracias intermináveis, uma pessoa disponível passeia livremente! Ela demonstra interesse para fazer algo, executar tarefas e colocar tudo em ordem determinada. É uma pessoa que sabe se adequar às adversidades. Ela se flexibiliza, dobra-se, curva-se com agilidade e elegância, sobretudo em meio às intempéries. Não tem preguiça e está sempre disposta. Não adianta estar presente se a vontade e a liberdade não se complementarem na mesma direção.

Se uma pessoa se diz disponível, significa que ela trabalha para ter todo o necessário: sabe o caminho a seguir, quais as vias mais favoráveis, quais ferramentas serão necessárias, quais os recursos deverá utilizar, quanto tempo será preciso. E, acima de tudo, a pessoa disponível assume a escolha que faz na liberdade, no contentamento, na satisfação. Não suporta tarefas na escravidão da falta de opção. Ela dispõe de si na alegria de servir com contentamento e inteireza.

No tesouro da partilha, descobre-se que uma pessoa disponível é generosa. Ela sabe dar de si para quem não tem e para quem precisa, sabe repartir o que tem e o que é, sabe dar de sua melhor parte e não apenas compartilhar do que sobra.

Uma pessoa disponível sabe priorizar as possibilidades de tempo e também as oportunidades de mudanças. Na liberdade e na confiança, brota, da certeza de empenhar sempre sua melhor parte: sua entrega perseverante e forte!

3ª VIRTUDE:
A OBEDIÊNCIA DA FÉ

Obediência, do latim "obediere", significa escutar com atenção. E, ao ouvir, praticar uma ação de aceitar as ordens dadas por outro, é o comportamento que se apresenta. Essa escuta pode ser completamente passiva ou pode provocar uma profunda atitude interna de resposta. Seja como for, sempre é um ato de humildade!

Fé, do latim "fide", significa a adesão, de forma incondicional, a uma hipótese que a pessoa passa a considerar como sendo uma verdade, sem provas, verificações ou dúvidas. Uma certeza antecipada!

Obediência e fé fazem parte do mesmo pacote. Aquele que obedece confia; aquele que confia obedece. A obediência da fé implica seguir no caminho daquilo em que se acredita, é a liberdade que uma pessoa tem de cumprir as regras estabelecidas para si própria. Uma livre submissão, uma subordinação da vontade a uma autoridade em que se crê. A obediência da fé é um consentimento da razão e uma resignação do coração.

Em um mundo de extrema rebelião, a obediência da fé, muitas vezes, passa por fanatismo. Realmente obedecer, sem compreensão, é uma cegueira; e aquele que assim procede acumula angústias intermináveis, revoltas infinitas e se torna um perigo real para si mesmo e para os outros. A atitude de obediência deve ser compreendida e refletida. Primeiro, eu creio; somente depois, obedeço. Só assim, um ato de obediência quebra o ciclo das maldições e desata os nós das incompreensões.

Existem também aqueles que lutam por poder, os tiranos. Eles consideram a obediência como uma prática dos fracos, dos inferiores. Entretanto, uma pessoa que nunca aprendeu a obedecer nunca será capaz de exercer autoridade, pelo simples fato de que somente a obediência dá direito ao mando; onde a força é usada, a autoridade já fracassou. Toda e qualquer autoridade sempre deverá ser exercida no serviço.

Aquele que tem a humildade de obedecer com alegria, a partir de uma fé esclarecida e madura, não precisará passar pelo dissabor de ter de executar por força aquilo que não aprova. Mesmo porque a atitude de obediência fortalece tanto aquele que é mandado quanto responsabiliza o mentor.

A obediência ensina o amor que acolhe a ordem estabelecida e dá o passo em direção à realização. A fé torna possível o que pelas dúvidas ou aparências seria impossível. A obediência da fé eleva pessoas comuns aos destinos extraordinários!

4ª VIRTUDE:
A PATERNIDADE

Atualmente, enfrentamos uma dura realidade, que está ligada não somente às omissões de responsabilidades, mas também às diversas constituições familiares: o número de crianças sem o nome do pai na certidão de nascimento passa dos cinco milhões no Brasil (CNJ, 11 agosto de 2013). O abandono paterno é uma constatação cruel!

Aliados a isso, estudos demonstram que a participação dos pais, na criação, no cuidado e no desenvolvimento dos filhos, tem influência tanto na vida da criança, quanto na da mulher, na do próprio homem e, portanto, na de toda a sociedade. Em termos de desenvolvimento infantil, todos os indicadores melhoram quando há um cuidador além da mãe.

Além de um problema de ordem emocional, a ausência paterna causa sofrimento também no social, com um decréscimo nos níveis de intelectualidade, satisfação e felicidade. Com isso, surge a questão: onde está o pai?

A questão não é saber onde está o pai biológico, mas sim aquele que se propõe a lidar, bem ou mal, com o cansaço e com as incertezas, com o não saber o que fazer, com as birras, com o sono atrasado há muito tempo, com a alimentação... Aquele que se propõe a cuidar, educar, ser referência... que se preocupa, que se estressa, que controla os níveis de agressividade na demanda de outro que requer atenção educativa e testemunho.

No complexo da existência humana, a paternidade significa uma inversão de posição do filho para o pai; daquele que recebia para aquele que vai doar, sem necessariamente extinguir a oferta recebida. Uma alta dose de maturidade é exigida nessa tarefa! Analisar potencialidades e limites, entender o papel e a responsabilidade de ser pai e de como isso afeta o nível social, ser presença emocional e construir vínculos afetivos com um pequeno ser que ainda não sabe das inúmeras regras e dos manejos sociais. Antes de ser pai, é preciso ser homem!

A paternidade que faz diferença no mundo é aquela que coloca o amor como jato propulsor de suas ações. É a paternidade que corre atrás do saber como base para as diversas eventualidades que possam surgir. Essa paternidade é ativa e escolhe como caminho a empatia, ou seja, a capacidade de se colocar no lugar do outro para agir com compaixão. Só assim a comunicação, não somente na linguagem verbal, poderá ser assertiva e transparente, uma vez que se entende do outro as entrelinhas, que, com dignidade e coragem, sabem priorizar o essencial: o filho!

A virtude da paternidade requer algo além de fecundar ou de prover recursos, é uma virtude que requer comprometimento e exercício, zelo e serviço em função de outro.

5ª VIRTUDE:
O SILÊNCIO TESTEMUNHAL

A cultura pós-moderna decretou o fim do silêncio em nosso tempo. Vivemos imersos nos mais diferentes e atordoantes barulhos: revoluções fúteis, gritos desesperados, violência gratuita e desmedida, resistências vãs, murmúrios, reclamações... informações de fácil consumo que empobrecem e não geram comprometimento e ação, turbulências provocadas pelas preocupações inúteis e pela avalanche de banalidades que atraem a atenção e que tornam o ser humano tão superficial quanto inconstante.

Os ruídos atordoantes e de efeito devastador provocam revolta e inundam as ruas, as casas, os locais de trabalho e até os corações humanos. A anestesia resultante debilita o ser humano que já não mais tem serenidade para decidir, não pensa, não sente, está atrofiado das emoções profundas. A criatividade secou, os sonhos desapareceram, a harmoniosa canção da natureza já não é ouvida.

Como resistência ao efeito dessa atualidade, carecemos de silêncio transformador em nosso mundo! Um silêncio que testemunhe a fecundidade de um universo interior grávido de conteúdo. Um silêncio que escuta, discerne e ultrapassa a palavra e suas possíveis traduções.

O exercício do silêncio testemunhal, ou seja, de um silêncio que ensina é tão importante quanto a prática da palavra de sabedoria. Não adianta um calar que é acomodação, ingenuidade tola ou ignorante, uma falta do que dizer; faz diferença o silêncio que provém da meditação, reflexão, que se traduz em atitude de resposta simples, articulada na quietude, na tranquilidade e na serenidade.

Existe o silêncio dos que nada têm a dizer, pela ausência de vida ou de sentido para a vida; existe o silêncio da tristeza, que vem do abandono daquele que sofre, chora e que perdeu a esperança; existe também o silêncio tenso diante das múltiplas situações de obrigações impostas, que amargam a palavra contida, reprimida; existe o silêncio diante da dor de uma tragédia ou da impossibilidade de um enfermo terminal.

Todavia, existe o silêncio cheio de amor, que brilha no olhar daqueles que amam independentemente das situações externas, pois já compreenderam que a melhor resposta, diante do desconhecido, é o fortalecimento da vida interior, que o diálogo, com o turbilhão de vozes internas, expressa a confiança na espera e a certeza da paz interior: o silêncio que acolhe o mistério que não compreende e apenas obedece!

6ª VIRTUDE:
O AMOR ESPONSAL

O amor esponsal revela a identidade profunda de um homem e de uma mulher. A união de amor revela uma fonte de conhecimento mútuo que exige coragem e dimensão ética. Além de explicitar o dom de si, a entrega sem limites ainda testemunha a exclusividade que dá ao outro o primeiro lugar. As manifestações de carinho e afeto são marcas que denunciam essa eleição.

Em uma experiência de amor, faz-se necessária a renúncia; é preciso ceder. Deixar para trás desejos alheios, o conforto da casa paterna, às vezes, a terra natal, tudo para fazer a experiência de viver com o escolhido. O amor quer ocupar todos os espaços, requer preferência absoluta. Ele é capaz de transformar corações endurecidos pelo orgulho e pela autossuficiência na medida em que os convoca, insistentemente e a todo instante, a progredir, a sair de si e se colocar no lugar do outro.

Relacionamento, palavra partida em três: saber dar a ré, saber criar laços e saber quando é tempo para o acionamento, o momento precioso da ação. Nisso está contida a magia de uma boa relação! Também não é uma linha reta de crescimento contínuo, pois tem altos e baixos, exige compromisso, paciência, perdão. Ninguém faz planos para viver eternamente do mínimo, mas o desenvolvimento do amor não é uma ideia e sim uma experiência, que funciona não só nas tentativas, nos acertos, mas também nos erros, nas vitórias e, sobretudo, nas superações.

O amor esponsal quer todo o afeto, quer o sorriso, o corpo, a vida, porém também é capaz de dar tudo! Não aceita metade, nem condições que privam ou escondam algo. Nessa reciprocidade do consentimento de dar e receber, é que a fecundidade do amor pode ser expressa.

Como uma escada ascendente, um amor esponsal ganha novos patamares na medida em que se propõe a conquistar níveis, cada vez mais profundos, de conhecimento e reconhecimento da pessoa amada. Do amante ao amigo e, por fim, ao amado!

No tempo do amante, acontece o abandono da vida passada e o conhecimento do novo que encanta. Em uma relação de troca, os interesses recíprocos são apresentados e desfrutados. A decisão de seguir em frente deve ser expressa.

Um tempo de aridez, mas também de generosidade profunda, marca o momento do amigo. É chegada a hora de deixar o egocentrismo de lado, um amor sem condições deve ocupar o lugar do amor de interesses. O amor gratuito ganha espaço, e isso requer renúncia e sacrifício, por livre vontade, nunca por imposição. Ao acolhimento da verdade que se apresenta neste momento, é preciso dar papel de destaque; a verdade não merece castigo, e sim cuidado.

No terceiro tempo do amor, o amado se faz presença. A união total e incorruptível já não distingue um de outro, são um só coração, uma só alma; o amor os uniu!

7ª VIRTUDE:
A LABORIOSIDADE

Laboriosidade é a virtude de realizar uma tarefa com muito empenho e dedicação, estando sempre atento aos detalhes. Não se limita à aplicação de grandiosos gestos ou ações extraordinárias; pode ser um pequeno ato com paciência e caridade, que adquire um imenso valor. Pela laboriosidade, o trabalho deixa de ser algo imposto ou obrigatório e passa a ser valor, força transformadora e de sucesso que desenvolve internamente um modo maduro e humilde de servir.

Ser laborioso não supõe simplesmente encher o tempo com infinitas e supérfluas atividades, não é capricho de momento, vício ou fuga. Quem é laborioso aproveita o tempo, faz o que deve e realmente está no que realiza; não cumpre rotina ou ocupa horas, mas dá sentido ao que empreende; imprime nisso sua marca, seu estilo pessoal, sua originalidade.

Um trabalho humano, seja ele qual for, profissional ou autônomo, deve ser realizado com disciplina, deve servir para algo e sempre custará algum esforço. Além disso, será sempre a base, o sustentáculo para nossa evolução. Ele necessita de responsabilidade e de capacidade de enfrentamento dos fracassos, erros e das dificuldades que se apresentam no decorrer do caminho. Tem de aprimorar cotidianamente a coragem para deixar de lado as facilidades e a preguiça.

O laborioso é diligente, ou seja, possui amorosa atenção, escolhe e realiza algo somente depois de esmerada e cuidadosa investigação; ele não se precipita. Analisa, pensa, reflete e age!

Quando não estamos dispostos ao esforço necessário para nos tornarmos fortes, credíveis, belos, podemos até parecer tudo isso, teremos aparência de humanidade, todavia, seremos projetos inacabados, fracassos existenciais. E toda a aparência é mentira, é estéril e fugaz; dói por dentro com dor verdadeira.

No projeto de uma vida com verdade e dignidade, o labor diário sempre será um requisito exigido. Não adiantará falsa armadura ou máscara de cansaço. Não será permitida a simplificação ou a facilitação das tarefas. Ao preguiçoso será vetado o acesso aos frutos que esse projeto de vida oferece. Trata-se de cumprir com as ações, com amor e por amor; no esforço de cada pequena atividade, está presente a busca de excelência da vida cotidiana. A laboriosidade é a virtude daqueles que se disciplinam na realização de cada gesto na verdadeira intenção de ser.

8ª VIRTUDE: A LIBERDADE

Descrever liberdade não é simples, pois coexistem diversas concepções sobre este conceito. Todavia, dentre muitas concepções, escolher já é um ato de liberdade! A liberdade é a faculdade que permite ao indivíduo decidir e agir conforme sua própria vontade; autonomia para escolher rumos, definir metas, tomar decisões. Do latim "libertas", é a condição daquele que é livre, que tem a capacidade de agir por si mesmo com autodeterminação, independência e autonomia.

A liberdade está no desejo de todo ser humano, porém não se limita a fazer o que quer, como quiser e quando bem entender; ela implica responsabilidade, aceitação das consequências e dos riscos das escolhas.

O fim da educação da virtude da liberdade é a felicidade. Sua posse e seu correto uso são condições essenciais para se levar uma vida boa e digna. Sem liberdade, andamos pelas rasteiras, permitimo-nos escravidão. O crescimento dessa virtude nos enriquece no domínio das fraquezas, dilata-se a capacidade de nossa consciência, principalmente no que tange à liberdade alheia, assim como na melhor compreensão de nossas próprias ações.

Ser livre significa aceitar e permitir os porquês dos processos que regem o mundo. Da generosidade divina em que nos é dada a liberdade de plantar o que quisermos, decorre a aceitação de colhermos exatamente o que plantamos. E, além disso, a cada escolha feita, há a renúncia do que poderia ter sido; liberdade também significa desistir de certas respostas, propostas.

Fazer o que a lei permite também é liberdade, não como prisioneiro que não assume o controle de seus desígnios, mas como um liberto que conquista, com coragem, o privilégio de vencer as incertezas do caos, causado pelo excesso das mesmas liberdades, e oxigenar sua alma com o ar da resistência que permite ao ser livre a revelação de sua mais autêntica feição.

Diante da massificação gerada pela escravidão contemporânea, que não escolhe mais pela cor, nem mesmo utiliza chibatas, as feridas se fazem presentes de maneira generalizada; não mais marcam as costas, e sim o interior do ser humano, que padece, sem nem mesmo saber-se escravo, ou até preferindo a escravidão, que traz falso conforto.

Impunidades ou facilidades não são a representação do que é a liberdade. Agir de acordo com a própria vontade nunca pode dar a quem quer que seja o direito de desrespeitar os direitos alheios. E, mais do que nunca, continua sendo difícil ser bom, correto, honesto, trabalhador. Agir por amor continua sendo uma tarefa exigente.

Enfim, ser livre não é apenas tirar as correntes de servidão dos outros ou de si próprio, mas requer algo mais, como uma forma de viver que respeite e melhore a liberdade dos outros, que transmita uma educação para a liberdade e que, sobretudo, supere a real tragédia de homens com medo da liberdade.

9ª VIRTUDE:
A INTERCESSÃO

Etimologicamente, a palavra intercessão provém do hebraico, significa "paga" e apresenta dois significados: o primeiro indica colisão, luta, violência, choque e denota um confronto; o segundo indica colocar-se entre, orar, suplicar e denota um encontro.

No latim "intercedere", a palavra apresenta o significado de intervir, estar entre algo. No português, a mesma palavra significa colocar-se no lugar do outro e pleitear sua causa, como se fosse a sua própria.

Independentemente da origem dessa palavra, seu significado remete sempre a um mediador, àquele que promove um encontro ou que evita um confronto.

Pela perseverança se reconhece um verdadeiro intercessor, pois ele não desiste e tem consciência plena da consequência em insistir em seus propósitos. Coloca-se entre aquele que pode dar e aquele que deseja receber e, na agudeza de seu julgamento, fruto de riquíssimo universo interior, tem o poder de perceber as realidades e promover o encontro. Também pela coragem e ousadia se dá o reconhecimento; afinal de contas, nenhum covarde é capaz de se posicionar no meio de um confronto.

O intercessor desempenha um papel de ser representante de uma causa, não apenas pela fala, mas ainda como aquele que se interpõe pelo cuidado, pela defesa, pela súplica, pela oração, enfim, pela compaixão. Se não se colocar no lugar do outro, jamais será capaz de advogar em seu favor para promover conciliação ou reconciliação.

Ser intercessor significa, acima de tudo e essencialmente, ser alguém de atitude! Alguém que é capaz de colocar-se entre as partes, que é capaz de se envolver, de correr riscos e pagar o preço. É um guerreiro que briga contra os inimigos e que vence os obstáculos. É um soldado valente que luta e assume a vigília no lugar do outro enquanto o outro dorme ou descansa. É aquele que se inclina sobre o outro e, diante de suas causas, ampara, exorta, implora, medeia, assume o lugar!

A crença de que sua intercessão pode transformar as realidades tem o amor por combustível. E ele se reveste de uma armadura poderosa: a causa pela qual está disposto a viver ou morrer!

PARTE 3

NOVENA DE SÃO JOSÉ
HINO
LADAINHA
MEDITAÇÕES
ORAÇÕES

Dirigente: Vinde, ó Deus, em meu auxílio.
Comunidade: Socorrei-me sem demora.
Dirigente: Glória ao Pai e ao Filho e ao Espírito Santo.
Comunidade: Como era no princípio, agora e sempre. Amém.

HINO

São José, do céu a glória,
esperança verdadeira
que reluz na nossa vida,
proteção de todo o mundo,
ouve os cantos e louvores
da Igreja agradecida.

A ti, filho de Davi,
como esposo de Maria
escolheu o Criador.
Quis que fosses pai do Verbo e
da nossa salvação
diligente servidor.

Reclinado no presépio,
o Esperado dos profetas,
Redentor do mundo inteiro,
tu contemplas, venturoso,
e, unido à Virgem Mãe,
o adoras por primeiro.

O Senhor e Deus do mundo,
Rei dos reis, a cujo aceno
se ajoelha o céu fulgente
e os infernos estremecem,
revestindo a nossa carne,
fez-se a ti obediente.

Glória eterna à Divindade,
Unidade na Trindade,
Deus imenso, Sumo Bem,
que te deu tão grande graça.
Por ti, dê-nos sua vida
e alegria eterna. Amém.

LADAINHA DE SÃO JOSÉ

Senhor, tende piedade de nós.
Jesus Cristo, tende piedade de nós.
Senhor, tende piedade de nós.

Jesus Cristo, ouvi-nos.
Jesus Cristo, atendei-nos.

Deus, Pai dos Céus, tende piedade de nós.
Deus Filho, Redentor do mundo, tende piedade de nós.
Deus Espírito Santo, tende piedade de nós.
Santíssima Trindade, que sois um só Deus, tende piedade de nós.

Santa Maria, **rogai por nós.**
São José,
Ilustre filho de Davi,

Luz dos Patriarcas,
Esposo da Mãe de Deus,
Casto guarda da Virgem,
Sustentador do Filho de Deus,
Zeloso defensor de Jesus Cristo,
Chefe da Sagrada Família,
José justíssimo,
José castíssimo,
José prudentíssimo,
José fortíssimo,
José obedientíssimo,
José fidelíssimo,
Espelho de paciência,
Amante da pobreza,
Modelo dos operários,
Honra da vida de família,
Guarda das virgens,
Sustentáculo das famílias,
Alívio dos miseráveis,
Esperança dos doentes,
Patrono dos moribundos,
Terror dos demônios,
Protetor da Santa Igreja,

Cordeiro de Deus, que tirais o pecado do mundo,
perdoai-nos, Senhor.
Cordeiro de Deus, que tirais o pecado do mundo,
atendei-nos, Senhor.
Cordeiro de Deus, que tirais o pecado do mundo,
tende piedade de nós.

V. Ele constituiu-o senhor de sua casa.
R. E fê-lo príncipe de todos os seus bens.

Oremos:
Ó Deus, que por inefável providência vos dignastes escolher São José por esposo de vossa Mãe Santíssima, concedei-nos, vo-lo pedimos, que mereçamos ter por intercessor, no Céu, aquele que veneramos na Terra como protetor. Vós que viveis e reinais por todos os séculos dos séculos. Amém.

MEDITAÇÕES PARA CADA DIA DA NOVENA

1º dia:
SOBRE A VIRTUDE DA HUMILDADE

Ó São José, santo de coração humilde, em tua humildade tão viva em que não se encontra nenhum sinal, em sua vida, que a contradiga, pois nunca quis nenhuma ostentação para si, nenhum desejo de grandeza; és exemplo para nós cristãos. Ajuda-nos a fazer uma adesão livre, verdadeira às virtudes cristãs, para alcançarmos os corações das pessoas na evangelização, e, principalmente, que sejamos humildes, sem arrogância.

2º dia:
SOBRE A VIRTUDE DA DISPONIBILIDADE

Ó São José, homem de disponibilidade, de vontade, semelhante à disponibilidade de Maria, em cumprimento àquilo que Deus lhe pediu por meio de seu anjo! Não há dúvida de que a virtude da disponibilidade é essencial para aquele que tem fé, para fazer a vontade divina. É assim que desejamos responder ao chamado do Pai: com a total disponibilidade. Tua santidade, São José, ensina-nos a dar a totalidade de nossa existência a Deus.

3º dia:
SOBRE A VIRTUDE DA OBEDIÊNCIA DA FÉ

Ó São José, em tua virtude da obediência da fé, compreendemos tuas atitudes de aceitação do desígnio divino e do compromisso com a Sagrada Família. Hoje veneramos teu sim, glorioso São José, que antes de se transformar em serviço ao próximo é uma submissão incondicional a Deus, pois, quando a Palavra de Deus encontra um coração obediente, o resultado é uma prática coerente à mesma Palavra: um sim. Essa obediência da fé é teu sagrado sim: feliz aquele que acreditou.

4º dia:
SOBRE A VIRTUDE DA PATERNIDADE

Ó São José, verdadeiro esposo de Maria e verdadeiro pai de Jesus. Para o Menino Jesus não faltou a presença carinhosa, amorosa, cuidadora, atenciosa, educativa e zelosa diante dos perigos. São José, não na ordem da carne, mas por adoção, foi o verdadeiro pai de Jesus. Assim, tu te tornaste, ó São José, um verdadeiro modelo de paternidade.

5º dia:
SOBRE A VIRTUDE DO SILÊNCIO TESTEMUNHAL

Ó São José, nenhuma palavra tua nos foi relatada nos evangelhos. Os autores sagrados apresentam-nos teu testemunho, no contexto do mistério da encarnação de Jesus, por meio do silêncio. Diante de mistérios tão grandes, o silêncio se torna mais eloquente do que as palavras. Teu silêncio é a expressão externa da experiência de um encontro com o Eterno; e é profetismo na medida em que se contrapõe aos eufóricos gritos dos poderosos. Tua alma, glorioso santo, silenciada ao se envolver com o mistério, é modelo para nós cristãos: leva-nos à mudança interior.

6º dia:
SOBRE A VIRTUDE DO AMOR ESPONSAL

Ó São José, fiel esposo de Maria, obediente ao Espírito Santo, encontraste precisamente nele a fonte do amor, de teu amor esponsal de homem; e este amor foi em ti maior do que se poderia esperar, segundo a medida de teu próprio coração humano. É amor como resultado da abertura do coração à graça de Deus e a seus planos; uma doação total! Um amor que superou toda e qualquer vontade carnal, sabendo viver, dentro do plano misterioso de Deus, a consagração virginal, não estéril, mas fecunda; não na solidão, mas em comunhão de vida na Sagrada Família.

7º dia:
SOBRE A VIRTUDE DA LABORIOSIDADE

Ó São José, trabalhar é um modo eficaz de contribuição com a sociedade e o bem das pessoas. Sendo carpinteiro, contribuías para o bem do povo de teu tempo. Na pequena Nazaré, o povo te conhecia por teu trabalho. A expressão cotidiana do amor na vida da Família de Nazaré é teu trabalho. Cada pessoa pode contribuir de algum modo pelo bem da sociedade por meio do exercício de seu trabalho. Tua vida é modelo para todos os trabalhadores e denúncia de uma sociedade que não dá a todos uma oportunidade digna de trabalho.

8º dia:
SOBRE A VIRTUDE DA LIBERDADE

Ó São José, vemos em ti uma verdadeira liberdade. E és livre porque és bom. A maldade aprisiona. Tua liberdade nos inspira a assumir o bem como caminho, o bem que liberta. Tuas decisões implicaram também sacrifício em tua vida. A oblação, doação de si, dá-se exemplarmente na liberdade. Aquele que busca a Deus, porque é livre para isso, renova-se na intimidade com o criador. Daí se alcançam as capacidades das decisões para o bem. E tua decisão, São José, foi de se dispor à vontade divina. Plenamente livre, participaste do plano de nossa redenção.

9º dia:
SOBRE A VIRTUDE DA INTERCESSÃO

Ó São José, por graça divina, na comunhão dos santos, continuas tua missão. Hoje e para sempre, santo no céu, intercedes pela Igreja e por toda a humanidade. Cremos, portanto, na intercessão dos santos e buscamos acolher seus exemplos. De fato, a Igreja, ainda que na Terra seja marcada por tantos limites humanos e, apesar disso, vive em comunhão; mais e melhor se experimenta essa comunhão no Céu, e de maneira mais perfeita pode ser feita a intercessão por todos.

CANTO A SÃO JOSÉ

Vinde, alegres cantemos, a Deus demos louvor.
A um Pai exaltemos, sempre com mais fervor.
**R.: São José, a vós nosso amor,
sede o nosso bom protetor,
aumentai o nosso fervor.**
São José, triunfante, vai a glória gozar.
E, para sempre reinante, no Senhor repousar.
R.:
Vós, esposo preclaro, amantíssimo pai.
Dos cristãos firme amparo, este canto aceitai.
R.:
Já cingis a coroa, na glória celestial.
Todo céu vos entoa um louvor eternal.
R.:
José, por um decreto de Deus, o Criador,
desposaste, discreto, a Mãe do Salvador.
R.:

Quis o Verbo divino dar-vos nome de pai.
Um glorioso destino, para vós implorai.
R.:
Ao Senhor já nascido amoroso abraçais.
Lá no Egito, fugido, do perigo o salvais.
R.:
São José operário ensinou ao Menino
viver do trabalho, sendo humano e divino.
R.:
Ó Trindade Inefável, a oração escutai,
de quem nos ama afável, de José nosso Pai.
R.:

ORAÇÕES FINAIS

Oração em honra de São José pelos agonizantes:

Pai eterno, pelo amor que consagrastes a S. José, escolhido por vós, entre todos, para vos representar sobre a terra, tende piedade de nós e dos pobres agonizantes.

Pai-nosso. Ave-Maria. Glória ao Pai.

Filho eterno de Deus, pelo amor que consagrastes a S. José, vosso fiel guardião na terra, tende piedade de nós e dos pobres agonizantes.

Pai-nosso. Ave-Maria. Glória ao Pai.

Espírito eterno de Deus, pelo amor que consagrastes a S. José, o qual guardou com tanta solicitude Maria, vossa esposa bem-amada, tende piedade de nós e dos pobres agonizantes.

Pai-nosso. Ave-Maria. Glória ao Pai.

Manuel des Enfants de Marie Immaculée, Amiens, France.
(Com aprovação do papa Leão XIII, em 1884)

Oremos:

Deus, todo-poderoso, pelas preces de São José, a quem confiastes as primícias da Igreja, concedei que ela possa levar à plenitude os mistérios da salvação. Por nosso Senhor Jesus Cristo, vosso Filho, na unidade do Espírito Santo.

Dirigente: Bendigamos ao Senhor.
Comunidade: Demos graças a Deus.

CONCLUSÃO

A *vida dos santos é exemplo* para os novos cristãos. São homens e mulheres que compreenderam quem é Deus, a partir da única experiência verdadeira de Deus: Cristo. Essa compreensão não se consegue ou alcança por um caminho pura e simplesmente racional. É vivência. É experiência de viver com Jesus, de caminhar com ele, de ouvir suas palavras e seus ensinamentos e deixar-se transformar por tudo que ele diz, faz, é.

As meditações deste livro sobre as virtudes de São José tiveram como intenção colocar o leitor nessa experiência de Jesus Cristo, tendo seu pai adotivo como modelo. Vimos de fato que São José foi dócil à graça de Deus e trilhou um caminho de coerência com as virtudes cristãs.

Aquele que ensinou o menino Jesus, cumprindo sua missão de pai junto de Nossa Senhora, experimentou essa especial graça de trilhar o caminho da santidade. Tê-lo como modelo de homem virtuoso é decisão segura de poder alcançar a perfeição desejada por Jesus Cristo a todos os fiéis.

O aprofundamento das nove virtudes que o livro traz pode nos levar à certeza de que viver de forma cristã na sociedade, ou, para os não crentes, tornar-se um ser humano íntegro, exige buscar uma vida humilde, com um coração disponível para Deus, ou seja, para sempre fazer o bem. São José nos faz ver que a obediência ao plano divino, ainda que implique muitas renúncias é a única resposta para a humanidade se reorganizar em favor da vida.

O livro proporcionou um conhecimento maior de grandes virtudes como a paternidade, o amor esponsal, a laboriosidade e a liberdade. A reflexão sobre o silêncio testemunhal, vivido por São José, desejou levar todos à consciência de que o mundo tem carecido de interioridade. E, por fim, vimos a importância da intercessão dos santos, uma fé professada pela Igreja. Não menos importante é a novena que nos leva a celebrar as virtudes meditadas acima.

Se você se sente, ao concluir esta leitura, uma pessoa melhor, mais virtuosa ou, pelo menos, desejosa de trilhar esse caminho, então o livro cumpriu sua intenção.

Que São José interceda por você. E que Nosso Senhor Jesus Cristo seja louvado!

SÃO JOSÉ

São inúmeras versões da figura de São José que as artes sacra e religiosa fizeram brotar da genialidade de artistas e artesãos. Já no século III, sua imagem era retratada ao lado da Virgem Maria, e, no sarcófago de S. Celso, o santo traz como atributo um machado. Em Santa Maria Maior, um mosaico do século V o apresenta portando o bastão florido, segundo padre Dinarte Passos.

Todas as concepções, criadas no correr dos tempos, sobretudo após o século XV, são bonitas, mas a que vem estampada na capa deste livro é, além de bela, apaixonante.

Já as cores vêm iluminar-nos com sensível ensinamento: a glorificação de S. José, que se apresenta sustentado por nuvens sobre um fundo em cambiantes amarelas. Estas lembram a alegria inefável dos Céus; aquelas indicam a presença da divindade, aqui reforçada pela figura do Menino Jesus – "Conselheiro Maravilhoso, Deus Poderoso, Pai para a Eternidade, Príncipe da Paz" (Is 9,5).

S. José, homem maduro, traja túnica e manto, que formam um panejamento harmonioso arrepanhado à cintura com um cinto de couro, sinal de vigilância e prontidão. O Filho, graciosamente desnudo, traz sobre si tão somente um pequeno manto de linho imaculado, revelando ser Ele a própria Inocência, que transborda a pureza e o frescor da infância protegidas pelo devotado pai.

A atitude de ambos centraliza a temática da obra. Jesus, como a brincar com os lírios puros, lembra-nos a história apócrifa da escolha do marido da Santíssima Virgem. Os candidatos deveriam depositar no altar do Templo um bastão já ressequido. Aquele que florescesse, pela força de Deus, seria o escolhido. José recebeu a graça, pois "do ramo de Jessé, um rebento haveria de despontar", como profetizara Isaías. A mão direita do Menino aponta para seu pai. É um eco da história antiga relatada em Gn 41,55 e aplicada ao nosso patrono: "Ide a José".

O Chefe da Sagrada Família, em sinal de obediência e prontidão, estende o braço esquerdo. Com o direito, sustenta o Filho Eterno de Deus. Ampara-lhe o dorso coberto pelo manto, sem tocá-lo diretamente, como respeitosamente fazem os sacerdotes que, ao portarem o ostensório com Jesus Eucarístico, seguram-no com o véu umeral.

Providencial a escolha da estampa: enfeixa em cores e em gestos a mensagem central deste livro tão necessário a nossos dias: as virtudes de S. José, padroeiro, querido de todos nós.

Este livro foi composto com as famílias tipográficas Dunbar Low, Swis721 e Times New Roman e impresso em papel Offset 63g/m² pela **Gráfica Santuário.**